Inhaltsverzeichnis

Kassler Gemüseauflauf

Portionen
4-6

Koch-/Backzeit
ca. 90 Minuten

Schwierigkeit
einfach

Video

Scanne den QR-Code mit deinem Smartphone

Willkommen

Liebe geht durch den Magen. Es gibt wohl kein Gericht, welches von wirklich jedem gerne gegessen wird und doch so frei in der Zubereitung ist. Ein heiß servierter Gratin in einer dampfenden Auflaufform erweckt bereits Appetit, wenn er frisch aus dem Ofen geholt wird. Egal ob für Kinder oder Erwachsene, Aufläufe gehören bei vielen Familien auf dem Speiseplan.

Bei der Zubereitung von Aufläufen und Gratins sind wirklich keine Grenzen gesetzt. Mit nur wenigen Zutaten - frisch, roh oder bereits gegart - lassen sich warme, herzhafte Mahlzeiten zaubern. Das Besondere daran: Aufläufe können schnell mit teilweise rohen Zutaten kreiert werden. Mit übrig gebliebenen Zutaten können dagegen leckere Gratins angerichtet werden. Untermalt mit einer leckeren Soße und geriebenem Käse oder Semmelbrösel, entsteht im Backofen ein kleines Ofenwunder.

In diesem Heft findest du eine Reihe von Aufläufen und Gratin-Kreationen: Ofengerichte mit Nudeln, Kartoffeln, Gemüse, Fisch und Fleisch. Du benötigst nicht viel Vorbereitungszeit und kannst den Ofen die übrige Arbeit machen lassen. In nur wenigen Schritten hast du mithilfe des Thermomix® ein leckeres und sättigendes Gericht für die ganze Familie gezaubert.

Die Gerichte enthalten alltagstaugliche Zutaten und können individuell nach eigenem Wunsch angepasst werden.

Ich wünsche allen am Tisch einen guten Appetit.

Zu jedem Rezept gibt es zudem eine kurze Schritt-für-Schritt Videoanleitung. Die Verlinkung zum Video findest du bei jedem Rezept als QR-Code. Die meisten Smartphones haben mittlerweile in der normalen Kamera einen integrierten scanner. Somit kannst du sofort mit dem Scannen meiner QR-Codes loslegen und gelangst so direkt zum passenden Schritt-für-Schritt Video für das jeweilige Rezept!

Ansonsten lade dir eine beliebige QR-Code App auf dein Smartphone und sei nur noch einen „kleinen Klick" davon entfernt. Die von uns ausgewählte QR-Code App findest du unter: **www.thermotasty.de/qr-code**

Lade dir die QR-Code App herunter.
Nur bei alten Smartphones.

Scanne den QR-Code aus dem Buch mit deiner Kamera-App.

Jetzt kannst du das Video abspielen.

Über mich

Ich höre auf den schönen Namen Helena und bin Mutter von zwei Kindern, sowie stolze Besitzerin eines Thermomix®. Irgendwann war ich die Suche nach alltagstauglichen Rezepten für diesen „Alleskönner" leid und entschloss mich dazu, meine eigenen Rezepte unter der Marke ThermoTasty auf die Beine zu stellen. Seit dem verfilme ich mit viel Spaß und Leidenschaft meine eigenen Rezeptkreationen und schreibe auch immer mal wieder ochbücher für die Zubereitung von leckeren Gerichten im Thermomix®.

In meinen schnellen und effektiven Schritt-für-Schritt Videos zeige ich innerhalb von nur einer Minute, wie das Gericht mit dem Thermomix® zubereitet wird und dann zum Schluss - in voller Pracht - ausschaut!

ThermoTasty ist in der „Thermomix®-Szene" bereits äußerst bekannt und daraus auch gar nicht mehr wegzudenken! Jeden Tag werden innerhalb der ThermoTasty-Community und auf mehreren Social-Media-Kanälen etliche Rezeptvorschläge und Ideen ausgetauscht.

Wichtige Links

www.thermotasty-shop.de
Mein eigener Shop, wo du die Möglichkeit hast, alle Produkte von ThermoTasty zu kaufen. Immer wieder gibt es exklusive Rabattaktionen auf ausgewählte Produkte.

www.thermotasty.de
Hier findest du eine Vielzahl an Schritt-für-Schritt Videos zu meinen Rezepten. Auf der Seite kannst du mein kostenloses E-Book mit 22 ausgewählten Alltagsrezepten herunterladen.

www.instagram.com/thermotasty
Folge mir auf Instagram, wo ich täglich neue Rezeptideen ausprobiere. Alle gelungenen Kochrezepte und weitere Inspirationen halte ich natürlich für dich fest, so dass du auch diese Gerichte nachkochen kannst.

www.thermotasty.de/fb-club
Tritt unter dem Link zur meiner internen Facebook Gruppe bei und werde ein Teil von dem Alltagsrezepte-Club, um sich mit anderen über die Rezepte auszutauschen.

www.helenaschwabenland.de
Du möchtest auch dein eigenes Kochbuch schreiben? Dann bist du hier genau richtig! Ich biete dir ein 12-wöchiges Training an, bei dem du dein eigenes Kochbuch erstellen und vermarkten kannst.

www.facebook.com/thermotasty
www.instagram.com/thermotasty
www.youtube.com/thermotasty
www.pinterest.com/thermotasty

Zutaten

- 200g Käse (z. B. Emmentaler)
- 500g Wasser
- 700g Kartoffeln (mundgerechte Stk.)
- 180g Karotten (in Scheiben)
- 500g Brokkoli (kleine Rösschen)
- 500g geräucherter Kassler (gewürfelt)
- 1 Zwiebel
- 40g Butter
- 60g Mehl
- 400g Garsud
- 300g Milch
- 200g Kräuter-Schmelzkäse
- 30g Gemüsepaste
- Salz
- Pfeffer
- Muskat

Zubereitung

1. Käse in grobe Stücke in den Mixtopf geben und 10 Sek./Stufe 8 - umfüllen.
2. Wasser in den Mixtopf geben, Gareinsatz einhängen und Kartoffeln einwiegen. Varoma aufsetzen und Karotten, Brokkoli und geräucherten Kassler hineingeben und 18 Min./Varoma/Stufe 1.
3. Inhalt vom Gareinsatz und Varoma in eine Auflaufform geben und Garsud umfüllen und auffangen.
4. Backofen auf 200°C Ober-/ Unterhitze vorheizen.
5. Zwiebel in den Mixtopf geben und 4 Sek./Stufe 5 - mit dem Spatel alles vom Mixtopfrand herunterschieben.
6. Butter zugeben und 3 Min./100°/Stufe 1.
7. Mehl zugeben und 3 Min./100°/Stufe 1.
8. Garsud, Milch, Kräuter-Schmelzkäse, Gemüsepaste, Salz, Pfeffer und Muskat zugeben und 6 Min./100°/Stufe 3.
9. Soße über das Gemüse und Fleisch geben, vermischen und mit Käse bestreuen.
10. Mit geschlossenem Deckel ca. 30 Minuten backen und im Anschluss Deckel abnehmen und weitere 20 Minuten backen.

Leberkäse Kartoffelauflauf

Portionen 4-5 | Koch-/Backzeit ca. 60 Minuten | Schwierigkeit einfach

Video

Scanne den QR-Code mit deinem Smartphone

Zutaten

- 100g Käse (z. B. Emmentaler)
- 30g Parmesan
- 550g Wasser
- 700g Kartoffeln (in 0,5 cm Scheiben)
- 400g Leberkäse (gewürfelt)
- 1 Zwiebel (halbiert)
- 1 Knoblauchzehe
- 20g Butter
- 30g Mehl
- 200g Sahne
- 200g Milch
- 100g Kräuter-Schmelzkäse
- 1 EL TK Petersilie
- Salz
- Pfeffer
- Muskat

Zubereitung

1. Käse in grobe Stücke in den Mixtopf geben und 15 Sek./Stufe 6 - umfüllen.
2. Parmesan in den Mixtopf geben und 5 Sek./Stufe 8 - umfüllen.
3. 500g Wasser in den Mixtopf geben, Gareinsatz einhängen, Kartoffelscheiben einwiegen und 15 Min./Varoma/Stufe 1.
4. Auflaufform leicht fetten und die Hälfte der Kartoffelscheiben zugeben und verteilen. Mit dem gewürfelten Leberkäse bedecken und abschließend die restlichen Kartoffelscheiben verteilen.
5. Zwiebel und Knoblauchzehe in den Mixtopf geben und 4 Sek./Stufe 8 - mit dem Spatel alles vom Mixtopfrand herunterschieben und 2 Sek./Stufe 6.
6. Butter zugeben und ohne Messbecher 4 Min./120°/Stufe 1.
7. Mehl zugeben und ohne Messbecher 1 Min./100°/Stufe 2.
8. Backofen auf 200°C Ober-/ Unterhitze vorheizen.
9. Sahne, Milch, 50g Wasser, Kräuter-Schmelzkäse, Salz, Pfeffer und Muskat zugeben und 6 Min./100°/Stufe 3 - im Anschluss 15 Sek./Stufe 8 pürieren.
10. TK Petersilie zugeben, unterrühren, über den Auflauf geben und verteilen.
11. Auflauf mit dem zerkleinerten Käse bestreuen und ca. 30-35 Min. backen.

Gyrosauflauf

Portionen 4-6

Koch-/Backzeit ca. 2 Stunden

Schwierigkeit einfach

Video

Scanne den QR-Code mit deinem Smartphone

Hinweis

Um Kalorien zu reduzieren, verwende hier die leichte Variante der Sahne und Saure Sahne.

Zutaten

- 600g Hähnchenbrustfilet
- 30g Öl
- 2 Knoblauchzehen
- 150g Käse (z. B. Emmentaler)
- 1 rote Zwiebel (halbiert, 100g)
- 1200g Wasser
- 250g Nudeln (z. B. Fussili)
- 1 rote Paprika (gewürfelt, 130g)
- 150g Champignons (in Scheiben)
- 1 Dose Mais (Abtropfgewicht: 140g)
- 200g Sahne
- 100g Milch
- 200g Crème Fraîche
- 1 TL Gemüsepaste (15g)
- 20g Tomatenmark
- Salz
- Pfeffer
- Gyrosgewürz
- Paprika edelsüß

Zubereitung

1. Hähnchenbrustfilet zweimal waagerecht durchschneiden, im Anschluss in 1-2 cm breite Streifen schneiden und in eine Schüssel geben.
2. 20g Öl, 1,5 EL Gyrosgewürz sowie 1 Knoblauchzehe durch die Knoblauchpresse zugeben, vermischen und **1 Stunde** ziehen lassen.
3. Käse in grobe Stücke in den Mixtopf geben und **6 Sek./Stufe 8** - umfüllen.
4. Mixtopf spülen und trocknen.
5. Rote Zwiebel und 1 Knoblauchzehe in den Mixtopf geben und **4 Sek./Stufe 5** - umfüllen.
6. Wasser und 1 TL Salz in den Mixtopf geben und **10 Min./100°/Stufe 1**.
7. Thermomix® auf **9 Min./100°/Stufe 1** stellen und die Nudeln durch die Deckelöffnung in den Mixtopf geben - Messbecher leicht auf die Deckelöffnung setzen.
8. Nudeln in ein Sieb geben, abtropfen lassen und in eine leicht gefettete Auflaufform geben und verteilen.
9. Backofen auf **200°C Ober-/ Unterhitze** vorheizen.
10. Mariniertes Hähnchengeschnetzeltes in einer Pfanne ohne Öl scharf anbraten, Fleisch herausnehmen, auf die Nudeln verteilen und den Sud in der Pfanne lassen.
11. Rote Zwiebeln mit Knoblauch kurz anbraten. Paprika und Champignons zugeben, mitbraten und mit Salz, Pfeffer leicht würzen und zusammen mit dem Mais auf dem Gyros verteilen.
12. Sahne, Milch, Crème Fraîche, Gemüsepaste, Tomatenmark, 1 TL Gyrosgewürz, Salz, Pfeffer und Paprika edelsüß in den Mixtopf geben und **10 Sek./Linkslauf/Stufe 4**.
13. Soße über den Auflauf geben, mit Käse bestreuen und **ca. 25-30 Min.** backen.

Schweinenackenauflauf

Portionen
4-6

Koch-/Backzeit
ca. 2,5 Stunden

Schwierigkeit
einfach

Video

Scanne den QR-Code mit deinem Smartphone

Zutaten

- 180g Käse (z. B. Emmentaler)
- 2 Zwiebeln (170g)
- 400g Saure Sahne
- 200g Mayonnaise
- 2 Knobluchzehen
- 1 EL TK 8-Kräuter
- 700g Kartoffeln (0,3 cm Scheiben)
- 500g Schweinenacken (dünne Scheiben)
- 150g Champignons (dünne Scheiben)
- 5 Tomaten (dünne Scheiben, 350g)
- 1 TL Oregano
- 20g Öl
- Salz
- Pfeffer

Zubereitung

1. Käse in grobe Stücke in den Mixtopf geben und **15 Sek./Stufe 6** - umfüllen.
2. Zwiebeln in den Mixtopf geben und **4 Sek./Stufe 5** - umfüllen.
3. Saure Sahne, Mayonnaise, Knoblauchzehen durch die Knoblauchpresse geben, TK 8-Kräuter, Salz und Pfeffer in den Mixtopf geben und **30 Sek./Stufe 3**.
4. Kartoffeln mit Öl, Salz, Pfeffer und Oregano würzen.
5. Schweinenacken mit Salz und Pfeffer würzen.
6. Schichten: Hälfte der Kartoffeln, Soße, Hälfte der Zwiebel, Fleisch, Hälfte der Zwiebel, Soße, Champignons, Kartoffel, Soße, Tomaten, Soße und alles mit Käse bestreuen.
7. Backofen auf **200°C Ober-/ Unterhitze** vorheizen.
8. Auflauf mit geschlossenem Deckel **ca. 2 Stunden** backen und im Anschluss ohne Deckel **weitere 10 Min.** (eventuell nach 90 Minuten eine Garprobe machen).

Bologneseauflauf

Portionen
4-6

Koch-/Backzeit
ca. 60 Minuten

Schwierigkeit
einfach

Video

Scanne den QR-Code mit deinem Smartphone

Zutaten

- 200g Käse (z. B. Gouda)
- 1550g Wasser
- 300g Nudeln (z. B. Gabelspaghetti)
- 1 Zwiebel (halbiert)
- 2 Knoblauchzehen
- 1 Karotte (grobe Stk, 80g)
- 20g Öl
- 40g Tomatenmark
- 1 Dose stückige Tomaten
- 2 TL Gemüsepaste (30g)
- 1 rote Paprika (gewürfelt, 150g)
- 1 Dose Mais (Abtropfgewicht: 140g)
- 2 EL TK Italienische Kräuter
- 0,5 TL Zucker
- 500g Hackfleisch
- 30g Butter
- 30g Mehl
- 450g Milch
- Salz
- Pfeffer
- 1 Prise Muskat

Zubereitung

1. Käse in grobe Stücke in den Mixtopf geben und 10 Sek./Stufe 6 - umfüllen.
2. 1200g Wasser und 1 TL Salz in den Mixtopf geben und 10 Min./100°/Stufe 1.
3. Thermomix® auf 5 Min./100°/Stufe 1 stellen und die Nudeln durch die Deckelöffnung in den Mixtopf geben.
4. Nudeln in ein Sieb geben, abtropfen lassen und in eine leicht gefettete Auflaufform verteilen.
5. Zwiebel und Knoblauchzehen in den Mixtopf geben und 4 Sek./Stufe 5 - mit dem Spatel alles vom Mixtopfrand herunterschieben.
6. Karotte zugeben und 3 Sek./Stufe 5 - mit dem Spatel alles vom Mixtopfrand herunterschieben.
7. Öl und Tomatenmark zugeben und ohne Messbecher 3 Min./120°/Stufe 1.
8. Stückige Tomaten, 350g Wasser, Gemüsepaste, rote Paprika, Mais, TK Italienische Kräuter, Zucker, Salz und Pfeffer zugeben und 10 Min./100°/Stufe 1.
9. Hackfleisch in einer Pfanne ohne Öl anbraten und mit Salz und Pfeffer würzen.
10. Soße zum Hackfleisch in die Pfanne geben, etwas einköcheln lassen und im Anschluss auf den Nudeln verteilen und untermischen.
11. Backofen auf 200°C Ober-/ Unterhitze vorheizen.
12. Butter in den Mixtopf geben und 2 Min./100°/Stufe 1.
13. Mehl zugeben und 3 Min./100°/Stufe 2.
14. Milch, Salz, Pfeffer und Muskat zugeben und 6 Min./100°/Stufe 3.
15. Soße über den Auflauf geben, verteilen und zum Schluss alles mit Käse bestreuen und für ca. 25-30 Min. backen.

Mexikanischer Tortillaauflauf

Portionen
4-6

Koch-/Backzeit
ca. 45 Minuten

Schwierigkeit
einfach

Video

Scanne den QR-Code mit deinem Smartphone

Zutaten

- 2 Knoblauchzehen
- Chilischote (nach Geschmack)
- 1 Zwiebel
- 15g Öl
- 20g Tomatenmark
- 1 Dose Mais (Abtropfgewicht: 285g)
- 1 Dose Kidneybohnen (Abtropfgewicht: 225g)
- 1 rote Paprika (gewürfelt, 150g)
- 2 Dosen stückige Tomaten
- 100g Wasser
- 20g Gemüsepaste
- 0,5 TL Oregano
- 500g Hackfleisch
- 100g Saure Sahne
- 2 EL TK Petersilie
- 200g Cheddar
- Salz
- Pfeffer
- Paprika edelsüß
- Paprika rosenscharf
- Cayennepfeffer
- 1 Tüte Käse-Tortilla Chips/Nachos

Zubereitung

1. Knoblauchzehen und Chilischote in den Mixtopf geben und **2 Sek./Stufe 8** - mit dem Spatel alles vom Mixtopfrand herunterschieben.
2. Zwiebel zugeben und **4 Sek./Stufe 6** - mit dem Spatel alles vom Mixtopfrand herunterschieben.
3. Öl und Tomatenmark zugeben und **3 Min./100°/Stufe 1**.
4. Mais, Kidneybohnen, rote Paprika, stückige Tomaten, Wasser, Gemüsepaste, Oregano, Salz, Pfeffer, Paprika edelsüß, Paprika rosenscharf und Cayennepfeffer zugeben und **12 Min./100°/Rührfunktion**.
5. Backofen auf **200°C Ober-/ Unterhitze** vorheizen.
6. Hackfleisch in einer Pfanne ohne Öl anbraten und mit Salz, Pfeffer, Paprika rosenscharf, Paprika edelsüß und Cayennepfeffer würzen.
7. Soße zum Hackfleisch geben, kurz köcheln lassen, Saure Sahne und TK Petersilie zugeben und untermischen.
8. Boden einer Auflaufform mit 150g Käse-Tortilla Chips bedecken (vorher leicht zerbröseln).
9. Hälfte der Soße auf den Tortilla Chips verteilen und mit 100g Cheddar bestreuen; diesen Vorgang einmal wiederholen und **ca. 25-30 Min.** backen.
10. Nach dem Backen den noch heißen Auflauf mit Käse-Tortilla Chips dekorieren.

Spinat Hacklasagne

Portionen
4-5

Koch-/Backzeit
ca. 2 Stunden

Schwierigkeit
mittel

Video

Scanne den QR-Code mit deinem Smartphone

Zutaten

- 300g Mehl
- 3 Eier
- 3 EL Olivenöl (25g)
- 180g Käse (z. B. Emmentaler)
- 60g Parmesan
- 3 Knoblauchzehen
- 3 Karotten (grobe Stk., 260g)
- 1 Zwiebel (halbiert)
- 1 rote Paprika (grobe Stk., 190g)
- 15g Öl
- 20g Tomatenmark
- 2 Dosen stückige Tomaten
- 2 TL Gemüsepaste (20g)
- 0,5 TL Zucker
- 2 EL TK Italienische Kräuter
- 1 TL Oregano
- 500g Hackfleisch
- 500g TK Blattspinat (aufgetaut)
- 1 EL Crème Fraîche Kräuter
- 40g Butter
- 40g Mehl
- 500g Milch
- Salz
- Pfeffer
- 1 Prise Muskat

Zubereitung

1. Mehl, Eier, Olivenöl und 0,5 TL Salz in den Mixtopf geben und 2 Min./Knetstufe.
2. Teig auf die Arbeitsfläche geben, zu einer Kugel formen, in Frischhaltefolie packen und ca. 1 Stunde in den Kühlschrank stellen.
3. Mixtopf spülen und trocknen.
4. Käse in grobe Stücke in den Mixtopf geben und 10 Sek./Stufe 6 - umfüllen.
5. Parmesan in den Mixtopf geben und 10 Sek./Stufe 8 - umfüllen.
6. 2 Knoblauchzehen in den Mixtopf geben und 2 Sek./Stufe 8 - mit dem Spatel alles vom Mixtopfrand herunterschieben.
7. Karotten, Zwiebel und Paprika zugeben und 15 Sek./Stufe 4 - mit dem Spatel alles vom Mixtopfrand herunterschieben. Falls grobe Stücke noch dabei sind, einmal 2 Sek./Stufe 5.
8. Öl und Tomatenmark zugeben und ohne Messbecher 4 Min./120°/Stufe 1.
9. Waage aktivieren. Stückige Tomaten zugeben und mit Wasser auf 900g aufgießen, Gemüsepaste, Zucker, TK Italienische Kräuter, Oregano, Salz und Pfeffer zugeben und 10 Min./100°/Stufe 1.
10. Hackfleisch separat in einer Pfanne ohne Öl anbraten und mit Salz und Pfeffer würzen.
11. Soße aus dem Mixtopf zum Hackfleisch geben und etwas köcheln lassen.
12. Teig auf einer bemehlten Arbeitsfläche geben, in zwei gleich große Teile teilen und jedes ca. 3 mm dick ausrollen. Teig in gewünschte Rechtecke schneiden und auf ein Handtuch legen.
13. Spinat ausdrücken und in eine Schüssel geben, 1 Knoblauchzehe durch die Knoblauchpresse geben, Crème Fraîche Kräuter, Salz, Pfeffer und Muskat zugeben und vermischen.
14. Butter in den Mixtopf geben und 3 Min./100°/Stufe 1.
15. Mehl zugeben und 3 Min./100°/Stufe 2.
16. Milch, Salz, Pfeffer und Muskat zugeben und 6 Min./100°/Stufe 3.
17. Backofen auf 200°C Ober-/ Unterhitze vorheizen.
18. Schichten: Hackfleischsoße, Nudeln, Hackfleischsoße, Spinat, weiße Soße, Nudeln, Hackfleischsoße, Spinat, weiße Soße. Mit weißer Soße abschließen, mit Käse bestreuen und ca. 35 Min. backen.

Ruckzuck Cannelloniauflauf

Portionen 4-5

Koch-/Backzeit ca. 1 Stunde

Schwierigkeit einfach

Video

Scanne den QR-Code mit deinem Smartphone

Hinweis

Du kannst auch 2 Dosen Champignons verwenden, dann nehme jedoch 400g Sahne zum Übergießen.

Zutaten

- 2 Zwiebeln (150g)
- 500g Hackfleisch
- 300g Bandnudeln
- 5 Karotten (grobe Stk., 300g)
- 2 Paprika (grobe Stk., 300g)
- 30g Öl
- 3 Dosen Champignons (in Scheiben)
- 300g Sahne
- Salz
- Pfeffer
- Paprika edelsüß
- Paprika rosenscharf

Optional

- 100g Käse

Zubereitung

1. Zwiebeln in den Mixtopf geben und 3 Sek./Stufe 8 - mit dem Spatel alles vom Mixtopfrand herunterschieben und 2 Sek./Stufe 5.
2. Hackfleisch, Salz, Pfeffer, Paprika edelsüß und Paprika rosenscharf zugeben und 1 Min./Knetstufe.
3. Hackfleisch auf den Boden einer Auflaufform verteilen und mit Bandnudeln bedecken.
4. Backofen auf 200°C Ober-/ Unterhitze vorheizen.
5. Karotten und Paprika in den Mixtopf geben und 3 Sek./Stufe 5 - mit dem Spatel alles vom Mixtopfrand herunterschieben.
6. Öl zugeben und ohne Messbecher 2 Min./100°/Stufe 1.
7. Champignons inklusive Saft zugeben, mit Salz, Pfeffer, Paprika edelsüß und Paprika rosenscharf würzen, mit dem Spatel kurz untermischen und auf die Bandnudeln verteilen.
8. Sahne über den Auflauf geben und mit geschlossenem Deckel ca. 65 Min. backen.

Tipp

Du kannst in den letzten 10 Minuten noch 100g Käse auf den Auflauf verteilen und ohne Deckel weiter backen.

Curry Hähnchenauflauf

Portionen
4-5

Koch-/Backzeit
ca. 30 Minuten

Schwierigkeit
einfach

Video

Scanne den QR-Code mit deinem Smartphone

Zutaten

- 600g Hähnchenbrustfilet
- 150-200g Bacon
- 300g Champignons (geviertelt)
- 600g Gnocchi (Kühlregal)
- 50g Käse (z. B. Emmentaler)
- 125g Mozzarella
- 200g Crème Fraîche
- 150g Milch
- 100g Sahne
- 200g Wasser
- 20g Tomatenmark
- 3 TL Currypulver
- 25g gelbe Currypaste
- 1 Prise Zucker
- 1 EL TK Petersilie
- 20g Speisestärke
- Salz
- Pfeffer

Zubereitung

1. Hähnchenbrustfilet gegen die Faser halbieren, salzen, pfeffern und in Bacon umwickeln.
2. Hähnchenbrustfilet in einer Pfanne mit etwas Öl von allen Seiten scharf anbraten und beiseitestellen.
3. Etwas Öl in die Pfanne geben, Champignons kurz anbraten und mit Salz und Pfeffer würzen.
4. Gnocchi in eine leicht gefettete Auflaufform verteilen, Champignons und Fleisch darauf verteilen.
5. Käse in grobe Stücke in den Mixtopf geben und **18 Sek./Stufe 6** - umfüllen.
6. Mozzarella in den Mixtopf geben und **4 Sek./Stufe 4** - umfüllen.
7. Backofen auf **200°C Ober-/ Unterhitze** vorheizen.
8. Crème Fraîche, Milch, Sahne, Wasser, Tomatenmark, Currypulver, gelbe Currypaste, Zucker, TK Petersilie, Salz und Pfeffer zugeben und ohne Messbecher **7 Min./100°/Stufe 2** - währenddessen Speisestärke mit Wasser vermischen und durch die Deckelöffnung in den Mixtopf geben.
9. Soße über den Auflauf verteilen, mit Käse bestreuen und **ca. 25 Min.** backen.

Hawaii-Nudelauflauf

Portionen
4-5

Koch-/Backzeit
ca. 45 Minuten

Schwierigkeit
einfach

Video

Scanne den QR-Code mit deinem Smartphone

Zutaten

- 600g Hähnchenbrustfilet (mundgerechte Stk.)
- 180g Käse (z. B. Emmentaler)
- 125g Mozzarella
- 1200g Wasser
- 250g Nudeln (z. B. Penne)
- 1 Dose stückige Ananas
- 250g Champignons (geviertelt)
- 180g aufgefangenen Ananassaft
- 200g Sahne
- 50g Milch
- 100g Sahne-Schmelzkäse
- 15g Mehl
- 20g Öl
- 30g gelbe Currypaste
- Kurkuma
- Curry
- Salz
- Pfeffer

Zubereitung

1. Hähnchenbrustfilet mit 10g Öl, 10g gelbe Currypaste, 1 TL Curry, 0,5 TL Kurkuma, Salz und Pfeffer würzen und ziehen lassen.
2. Käse in grobe Stücke in den Mixtopf geben und 15 Sek./Stufe 6 - umfüllen.
3. Mozzarella in den Mixtopf geben und 4 Sek./Stufe 4 - umfüllen.
4. Mixtopf spülen.
5. Wasser und 1 TL Salz in den Mixtopf geben und 10 Min./100°/Stufe 1.
6. Thermomix® auf 8 Min./100°/Stufe 1 stellen, Nudeln durch die Deckelöffnung in den Mixtopf geben und den Messbecher aufsetzen.
7. Nudeln in ein Sieb geben, abtropfen lassen und anschließend in einer leicht gefetteten Auflaufform verteilen.
8. Stückige Ananas in ein Sieb geben, abtropfen lassen, den Saft dabei auffangen, Ananasstücke zu den Nudeln geben und verteilen.
9. Hähnchenbrustfilet in einer Pfanne ohne Öl anbraten, zu den Nudeln geben und den Sud in der Pfanne lassen.
10. 10g Öl und Champignons in die gleiche Pfanne geben, andünsten und auf die Nudeln verteilen.
11. Backofen auf 200°C Ober-/ Unterhitze vorheizen.
12. Waage aktivieren. Aufgefangenen Ananassaft (eventuell mit Wasser auffüllen), Sahne, Milch, Sahne-Schmelzkäse, Mehl, 20g gelbe Currypaste, 1 TL Curry, Salz und Pfeffer in den Mixtopf geben und 5 Min./100°/Stufe 4.
13. Soße über den Auflauf verteilen, alles gut miteinander vermischen, mit Käse/Mozzarella bestreuen und ca. 30 Min. backen.

Hähnchenschenkel Ruckzuck

Portionen
4

Koch-/Backzeit
ca. 1,5 Stunden

Schwierigkeit
einfach

Video

Scanne den QR-Code mit deinem Smartphone

Zutaten

- 100g Reis (z. B. Parboiled)
- 1 Zwiebel (130g)
- 3 Karotten (grobe Stk., 300g)
- 700g Kartoffeln (geviertelt)
- 600g Hähnchenunterkeulen
- 40g Gemüsepaste
- 450g Wasser
- Öl
- Salz
- Pfeffer
- Paprika edelsüß
- Brathähnchengewürzsalz

Zubereitung

1. Backofen auf **200°C Ober-/ Unterhitze** vorheizen.
2. Reis auf den Boden einer Auflaufform verteilen.
3. Zwiebel und Karotten in den Mixtopf geben und **4 Sek/Stufe 5** - auf dem Reis verteilen.
4. Kartoffeln in eine Schüssel geben, mit etwas Öl, Salz und Pfeffer würzen und ebenfalls in der Auflaufform verteilen.
5. Hähnchenunterkeulen mit etwas Öl einreiben, mit Brathähnchengewürzsalz, Salz und Pfeffer würzen und zwischen den Kartoffelspalten verteilen.
6. Gemüsepaste und Wasser in den Mixtopf geben und **20 Sek./Stufe 3** - Brühe mit Pfeffer und Paprika edelsüß abschmecken.
7. Brühe über den Auflauf verteilen und **ca. 70 Min.** backen - nach 50 Min. das Fleisch einmal wenden.

Hähnchen in Tomatenreis

Portionen
4-5

Koch-/Backzeit
ca. 60 Minuten

Schwierigkeit
einfach

Video

Scanne den QR-Code mit deinem Smartphone

Zutaten

- 300g Reis (z. B. Parboiled)
- 600g Hähnchenbrustfilet
- 200g Bacon
- 1 Zwiebel (60g)
- 1 Knoblauchzehe
- 100g getrocknete, eingelegte Tomaten
- 20g Tomatenmark
- 20g Öl
- 1 Dose stückige Tomaten
- 1000g Wasser
- 200g Crème Fraîche Kräuter
- 3 EL TK Italienische Kräuter
- 1 Prise Zucker
- 1 TL Basilikum
- 0,5 TL Oregano
- Salz
- Pfeffer
- Paprika edelsüß
- 60g Mozzarella (in Scheiben)

Zubereitung

1. Reis in eine Auflaufform geben und verteilen.
2. Hähnchenbrustfilet quer zur Faser halbieren, mit Salz, Pfeffer, Paprika edelsüß würzen und mit Bacon umwickeln.
3. Hähnchenbrustfilet in einer Pfanne mit etwas Öl von allen Seiten scharf anbraten.
4. Backofen auf **200°C Ober-/ Unterhitze** vorheizen.
5. Zwiebel, Knoblauchzehe und getrocknete, eingelegte Tomaten in den Mixtopf geben und **4 Sek./Stufe 5** - mit dem Spatel alles vom Mixtopfrand herunterschieben.
6. Tomatenmark und Öl zugeben und **3 Min./100°/Stufe 1**.
7. Stückige Tomaten, Wasser, Crème Fraîche Kräuter, TK Italienische Kräuter, Zucker, Basilikum, Oregano, Salz und Pfeffer zugeben und **8 Min./100°/Stufe 1**.
8. Soße zum Reis geben, alles vermischen, Fleisch hineinlegen und **ca. 40 Min.** backen - nach 30 Min. den Reis einmal gut vermischen.
9. Mozzarella auf dem Fleisch verteilen, Reis gut vermischen und **weitere 10 Min.** backen.

Gemüse Lachsauflauf

Portionen
4-5

Koch-/Backzeit
ca. 60 Minuten

Schwierigkeit
einfach

Video

Scanne den QR-Code mit deinem Smartphone

Zutaten

- 500g TK Lachsfilet (aufgetaut)
- 125g Mozzarella
- 80g Käse (z. B. Gouda)
- 1300g Wasser
- 500g Brokkoli (Röschen)
- 360g Nudeln (z. B. Penne)
- 200g Crème Fraîche
- 200g Crème Fraîche Kräuter
- 250g Sahne
- 250g Milch
- 2 TL Gemüsepaste (20g)
- 1 Knoblauchzehe
- 2 TL TK Dill
- Salz
- Pfeffer
- Saft einer Zitrone
- 1 Prise Muskat

Zubereitung

1. Lachsfilet in 2 cm breite Würfel schneiden, in eine Schüssel geben und mit Salz, Pfeffer und den Saft einer 0,5 Zitrone würzen.
2. Mozzarella in den Mixtopf geben und **4 Sek./Stufe 4** - umfüllen.
3. Käse in den Mixtopf geben und **3 Sek./Stufe 8** - umfüllen.
4. Wasser und 1 TL Salz in den Mixtopf geben, Varoma aufsetzen, Brokkoli hineingeben, verschließen und **10 Min./Varoma/Stufe 1**.
5. Thermomix® auf **8 Min./Varoma/Stufe 1** stellen, Nudeln durch die Deckelöffnung in den Mixtopf geben und Varoma wieder aufsetzen.
6. Nudeln in ein Sieb geben, abtropfen lassen und in einer leicht gefetteten Auflaufform geben und verteilen.
7. Brokkoliröschen und Lachswürfel zu den Nudeln geben und untermischen.
8. Backofen auf **200°C Ober-/ Unterhitze** vorheizen.
9. Crème Fraîche, Crème Fraîche Kräuter, Sahne, Milch, Gemüsepaste, Saft einer 0,5 Zitrone und Knoblauchzehe durch die Knoblauchpresse zugeben und **5 Sek./Stufe 4**.
10. TK Dill unterrühren und mit den Gewürzen abschmecken.
11. Soße über den Auflauf geben, vermischen, mit Käse bestreuen und alles **ca. 25 Min.** backen.

Nudeln Garnelenauflauf

Portionen 3-4

Koch-/Backzeit ca. 60 Minuten

Schwierigkeit einfach

Video

Scanne den QR-Code mit deinem Smartphone

Hinweis

Schaue nach ca. 10 Min., wie weit die Nudeln gebacken sind. Mache ggf. eine Garprobe und schiebe die Nudeln in die Soße.

Zutaten

- 450g TK Riesengarnelen (aufgetaut)
- 20g ÖL
- 4 Knoblauchzehen
- 1 EL TK Petersilie
- 60g Parmesan
- 1200g Wasser
- 4 Tomaten (400g)
- 250g Nudeln (z. B. Penne)
- 30g Butter
- 20g Mehl
- 200g Milch
- 200g Wasser
- 2 TL Gemüsepaste (20g)
- 60g Frischkäse, natur
- 125g Mozzarella (gewürfelt)
- Salz
- Pfeffer

Zubereitung

1. Riesengarnelen und Öl in eine Schüssel geben, 2 Knoblauchzehen durch die Knoblauchpresse zugeben, TK Petersilie, Salz und Pfeffer zugeben, vermischen und 1 Stunde ziehen lassen.
2. Parmesan in den Mixtopf geben und 5 Sek./Stufe 8 - umfüllen.
3. Mixtopf spülen.
4. Wasser in den Mixtopf geben und 10 Min./100°/Stufe 1.
5. Tomaten waschen, am Strunk etwas kreuzweise einschneiden, vorsichtig in den Mixtopf hineinlegen und ca. 1 Min. ziehen lassen. Anschließend herausnehmen und mit kaltem Wasser abschrecken.
6. Thermomix® auf 8 Min./100°/Stufe 1 stellen und 1 TL Salz, sowie die Nudeln durch die Deckelöffnung in den Mixtopf geben.
7. Schale der Tomaten abziehen, Fruchtfleisch entfernen und die Tomaten in Würfel schneiden.
8. Nudeln in ein Sieb geben, abtropfen lassen und in eine leicht gefettete Auflaufform verteilen.
9. Backofen auf 200°C Ober-/ Unterhitze vorheizen.
10. Butter in den Mixtopf geben und 2 Min./100°/Stufe 1.
11. 2 Knoblauchzehen durch die Knoblauchpresse in den Mixtopf geben und 3 Min./100°/Stufe 1.
12. Mehl zugeben und 3 Min./100°/Stufe 2.
13. Milch, Wasser, Gemüsepaste, Frischkäse natur und 50g Parmesan zugeben und 7 Min./100°/Stufe 3 - mit Salz und Pfeffer abschmecken.
14. Gewürfelte Tomaten zu den Nudeln geben, anschließend die marinierten Riesengarnelen verteilen, leicht vermischen und alles mit der Soße begießen.
15. Mit 10g Parmesan und Mozzarella bestreuen und ca. 20-25 Min. backen.

Thunfischauflauf

Portionen 4-5 | Koch-/Backzeit ca. 60 Minuten | Schwierigkeit einfach

Video

Scanne den QR-Code mit deinem Smartphone

Zutaten

- 150g Käse (z. B. Emmentaler)
- 125g Mozzarella
- 1600g Wasser
- 250g Nudeln (z. B. Farfalle)
- 1 Zwiebel
- 1 Knoblauchzehe
- 30g Butter
- 25g Mehl
- 300g Milch
- 100g Sahne
- 1 Dose stückige Tomaten
- 30g Gemüsepaste
- 1 Paprika (gewürfelt, 200g)
- 1 Dose Mais (Abtropfgewicht, 140g)
- 1 Dose Champignons (in Scheiben)
- 2 Dosen Thunfisch (im eigenen Saft)
- Salz
- Pfeffer
- Paprika edelsüß
- Paprika rosenscharf

Zubereitung

1. Käse in grobe Stücke in den Mixtopf geben und **10 Sek./Stufe 6** - umfüllen.
2. Mozzarella in den Mixtopf geben und **4 Sek./Stufe 4** - umfüllen.
3. Wasser und 1 TL Salz in den Mixtopf geben und **10 Min./100°/Stufe 1**.
4. Thermomix® auf **9 Min./100°/Stufe 1** stellen und die Nudeln durch die Deckelöffnung in den Mixtopf geben und Messbecher wieder aufsetzen.
5. Nudeln in ein Sieb geben, abtropfen lassen und in einer Auflaufform verteilen.
6. Mixtopf spülen und trocknen.
7. Backofen auf **200°C Ober-/ Unterhitze** vorheizen.
8. Zwiebel und Knoblauchzehe in den Mixtopf geben und **4 Sek./Stufe 6** - mit dem Spatel alles vom Mixtopfrand herunterschieben.
9. Butter zugeben und **3 Min./100°/Stufe 1**.
10. Mehl zugeben und **1 Min./100°/Stufe 2**.
11. Milch, Sahne, stückige Tomaten, Gemüsepaste, Salz, Pfeffer, Paprika edelsüß und Paprika rosenscharf zugeben und **5 Min./100°/Stufe 3**.
12. Paprika, Mais, Champignons und Thunfisch zu den Nudeln in die Auflaufform geben und alles gut vermischen.
13. Soße über den Auflauf geben, gut untermischen, mit Käse bestreuen und **ca. 35 Min.** backen.

Auberginen Cannelloni

Portionen
4

Koch-/Backzeit
ca. 90 Minuten

Schwierigkeit
mittel

Video

Scanne den QR-Code mit deinem Smartphone

Zutaten

- 2 Auberginen (ca. 650g)
- 2 rote Zwiebeln
- 100g getrocknete, eingelegte Tomaten
- 500g Hackfleisch
- 200g Feta
- 1 EL TK Petersilie
- 2 Knoblauchzehen
- 1 Karotte (grobe Stücke, 70g)
- 1 Pastinake (grobe Stk., 80g)
- 15g Öl
- 20g Tomatenmark
- 1 Dose stückige Tomaten
- 200g Sahne
- 200g Wasser
- 30g Ajvar
- 20g Marinade der eingelegten Tomaten
- 2 EL TK Italienische Kräuter
- 0,5 TL Zucker
- 125g Mozzarella (gewürfelt)
- Salz / Pfeffer
- Paprika edelsüß
- Paprika rosenscharf

Zubereitung

1. Enden der Auberginen abschneiden, anschließend in 0,3 cm längliche dünne 19 Scheiben schneiden. Leicht mit Öl bestreichen, mit Salz würzen und ca. 20 Min. stehen lassen.
2. 1 rote Zwiebel in den Mixtopf geben und 3 Sek./Stufe 6 - mit dem Spatel alles vom Mixtopfrand herunterschieben und erneut 2 Sek./Stufe 6.
3. 50g getrocknete, eingelegte Tomaten zugeben und 3 Sek./Stufe 6.
4. Hackfleisch, 100g Feta, TK Petersilie, Salz, Pfeffer und Paprika edelsüß zugeben und 1 Min./Knetstufe - umfüllen.
5. Knoblauchzehen, 50g getrocknete Tomaten, 1 rote Zwiebel, Karotte, Pastinake und eventuell die übergebliebenen Auberginenreste in den Mixtopf geben und 4 Sek./Stufe 5.
6. Öl und Tomatenmark zugeben und 3 Min./120°/Stufe 1.
7. Stückige Tomaten, Sahne, Wasser, Ajvar, 50g Feta, Marinade der eingelegten Tomaten, TK Italienische Kräuter, Zucker, Salz, Pfeffer und Paprika rosenscharf zugeben und 13 Min./100°/Stufe 1.
8. Auberginen mit einem Küchentuch gut abtrocknen. Eine Pfanne leicht mit Öl bestreichen und die Auberginenscheiben auf mittlerer Stufe von beiden Seiten nacheinander anbraten, so dass sie sich einrollen lassen.
9. Backofen auf 200°C Ober-/ Unterhitze vorheizen.
10. Die Hälfte der Soße in einer Auflaufform geben und verteilen.
11. Hackfleischmasse auf die Auberginenscheiben verteilen, einrollen, mit der Öffnung nach unten in die Soße legen und mit der restlichen Soße bedecken.
12. Mozzarella und 50g Feta auf die Auberginen Cannelloni verteilen und ca. 50 Min. backen.

Kohlrabi Lachsauflauf

Portionen
4

Koch-/Backzeit
ca. 60 Minuten

Schwierigkeit
einfach

Video

Scanne den QR-Code mit deinem Smartphone

Zutaten

- 150g Käse (z. B. Emmentaler)
- 500g Wasser
- 300g Kartoffeln (0,3 cm Scheiben)
- 600g Kohlrabi (0,2 cm Scheiben)
- 500g TK Lachsfilet (aufgetaut)
- Saft einer 0,5 Zitrone
- 20g Butter
- 20g Mehl
- 200g Crème Fraîche Kräuter
- 250g Milch
- 150g Garsud
- 1 EL TK Dill
- Salz
- Pfeffer
- 1 Prise Muskat

Zubereitung

1. Käse in grobe Stücke in den Mixtopf geben und **15 Sek./Stufe 6** - umfüllen.
2. Wasser in den Mixtopf geben, Varoma aufsetzen, Kartoffeln und Kohlrabi hineinlegen und **20 Min./Varoma/Stufe 1** - Garsud nach dem Kochen auffangen.
3. Lachsfilet in 3 cm breite Streifen schneiden und mit dem Saft einer halben Zitrone, Salz und Pfeffer würzen.
4. Auflaufform mit etwas Öl einfetten. Den Boden mit der Hälfte der Kartoffeln/Kohlrabi bedecken und mit Salz bestreuen. Lachs darauf verteilen und mit den restlichen Kartoffeln/Kohlrabi bedecken und erneut mit Salz bestreuen.
5. Backofen auf **200°C Ober-/ Unterhitze** vorheizen.
6. Butter in den Mixtopf geben und **2 Min./100°/Stufe 1**.
7. Mehl zugeben und **1 Min./100°/Stufe 2**.
8. Crème Fraîche Kräuter, Milch und Garsud zugeben und **5 Min./100°/Stufe 3**.
9. Salz, Pfeffer, Muskat und TK Dill zugeben, unterrühren und auf den Auflauf verteilen.
10. Käse über den Auflauf streuen und **ca. 30-35 Min.** backen.

Kürbislasagne

Portionen
4-5

Koch-/Backzeit
ca. 60 Minuten

Schwierigkeit
einfach

Video

Scanne den QR-Code mit deinem Smartphone

Zutaten

- 150g Käse (z. B. Emmentaler)
- 1 Zwiebel
- 2 Knoblauchzehen
- 750g Hokkaido (grobe Stücke)
- 15g Öl
- 2 Dosen stückige Tomaten
- 2 TL Gemüsepaste
- 40g Butter
- 40g Mehl
- 500g Milch
- Salz
- Pfeffer
- 1 Prise Muskat
- Lasagneplatten

Zubereitung

1. Käse in grobe Stücke in den Mixtopf geben und **10 Sek./Stufe 6** - umfüllen.
2. Zwiebel, Knoblauchzehen und Hokkaido in den Mixtopf geben und **5 Sek./Stufe 5**.
3. Öl zugeben und ohne Messbecher **4 Min./100°/Stufe 1**.
4. Waage aktivieren. Stückige Tomaten (mit Wasser auf 900g Flüssigkeit auffüllen) und Gemüsepaste zugeben und **9 Min./100°/Stufe 1**.
5. Mit Salz, Pfeffer abschmecken und umfüllen.
6. Backofen auf **200°C Ober-/ Unterhitze** vorheizen.
7. Für die Béchamelsoße Butter und Mehl in den Mixtopf geben und **3 Min./100°/Stufe 2**.
8. Milch, Salz, Pfeffer und Muskat zugeben und **4 Min./100°/Stufe 3**.
9. Auflaufform wie folgt schichten: Kürbissoße, Lasagneplatten, Kürbissoße, Béchamelsoße, Lasagneplatten, Kürbissoße, Béchamelsoße und so lange wiederholen bis alles aufgebraucht ist. Mit Béchamelsoße abschließen, mit Käse bestreuen und **ca. 35-40 Min.** backen.

Nudelkäseauflauf

Portionen
4

Koch-/Backzeit
ca. 60 Minuten

Schwierigkeit
einfach

Video

Scanne den QR-Code mit deinem Smartphone

Zutaten

- 60g Parmesan
- 150g Le Gruyére (grobe Stk.)
- 200g Cheddar (grobe Stk.)
- 1600g Wasser
- 500g Nudeln (z. B. Hörnchen)
- 50g Butter
- 40g Mehl
- 200g Sahne
- 400g Milch
- Salz
- Pfeffer
- Paprika rosenscharf

Zubereitung

1. Parmesan in den Mixtopf geben und 5 Sek./Stufe 8 - umfüllen.
2. Le Gruyére in den Mixtopf geben und 3 Sek./Stufe 8 - umfüllen.
3. Cheddar in den Mixtopf geben und 4 Sek./Stufe 6 - umfüllen.
4. Wasser und 1 TL Salz in den Mixtopf geben und 15 Min./100°/Stufe 1.
5. Thermomix® auf 6 Min./100°/Stufe 1 stellen und die Nudeln durch die Deckelöffnung in den Mixtopf geben - Messbecher leicht aufsetzen.
6. Nudeln in ein Sieb geben, abtropfen lassen und in einer leicht gefetteten Auflaufform verteilen.
7. Backofen auf 200°C Ober-/ Unterhitze vorheizen.
8. Butter in den Mixtopf geben und 3 Min./100°/Stufe 1.
9. Mehl zugeben und 3 Min./100°/Stufe 2.
10. Sahne und Milch zugeben und 5 Min./100°/Stufe 3.
11. 150g Cheddar, 120g Le Gruyére und 40g Parmesan zugeben und 3 Min./100°/Stufe 2.
12. Mit Salz, Pfeffer und Paprika rosenscharf abschmecken und 1 Min./100°/Stufe 3.
13. Soße über die Nudeln geben, vermischen und mit dem restlichen Käse bestreuen und ca. 25-30 Min. backen.

Kartoffelgratin

Portionen
4

Koch-/Backzeit
ca. 2 Stunden

Schwierigkeit
einfach

Video

Scanne den QR-Code mit deinem Smartphone

Zutaten

- 1000g Kartoffeln, mehligkochend (0,3-0,4 cm Scheiben)
- 120g Käse (z. B. Emmentaler)
- 30g Parmesan
- 200g Sahne
- 150g Milch
- 1 Knoblauchzehe (klein)
- Salz
- Pfeffer

Zubereitung

1. Backofen auf **200°C Ober-/ Unterhitze** vorheizen.
2. Kartoffeln in eine Schale geben, gut mit Salz und etwas Pfeffer würzen und in eine Auflaufform verteilen.
3. Käse in grobe Stücke und Parmesan in den Mixtopf geben und **10 Sek./Stufe 8** - umfüllen.
4. Sahne, Milch, Knoblauchzehe durch die Knoblauchpresse, Salz und Pfeffer in den Mixtopf geben und **10 Sek./Stufe 3**.
5. Soße über die Kartoffeln gießen, mit Käse bestreuen und **ca. 70 Min.** backen.

ThermoTasty Rezepthefte

Weitere Rezepte zu verschiedenen Themen findest du in unserem Online-Shop

www.thermotasty-shop.de